The Sair Road

The Sair Road

William Hershaw
Illustrated by Les McConnell

The Sair Road
This edition published 2018 by
Grace Note Publications C.I.C.
Grange of Locherlour,
Ochtertyre, PH7 4JS,
Scotland

books@gracenotereading.co.uk
www.gracenotepublications.co.uk

ISBN 978-1-907676-97-0

A catalogue record for this book is available from the British Library

Printed in UK

The Sair Road

Dear Christ to be born for this!

Edwin Morgan: *In The Snackbar*

Me made in the image o God?
Jings but it's laughable tae!

Joe Corrie: *The Image O God*

Nae mair will the bonnie callants

Mairch tae war while our braggarts crousely craw

Nor wee weans fae pitheid and clachan

Mourne the ships sailing doun the Broomielaw.

Broken faimilies in lands we've herriet

Will curse Scotland the Brave, nae mair, nae mair.

Black and white, ane til ither merriet

Mak the vile barracks o the maisters bare.

Hamish Henderson: *Freedom Come All Ye*

They are casting their problems at society. And, you know, there's no such thing as society. There are individual men and women and there are families. And no government can do anything except through people, and people must look after themselves first. It is our duty to look after ourselves and then, also, to look after our neighbours.

Margaret Thatcher, interview in *Women's Own* in 1987

But I say unto you, love your enemies, bless them that curse you, do good to them that hate you, and pray for them which despitefully use you, and persecute you.

Jesus Fae the Cross: *The Lumphinnans Star*

According to all four gospels, immediately after the Last Supper, Jesus took a walk to pray. Each Gospel offers a slightly different account regarding narrative details. Matthew and Mark identify this place of prayer as Gethsemane. Jesus was accompanied by the Apostles Peter, John and James, whom he asked to stay awake and pray. He moved "a stone's throw away" from them, where he felt overwhelming sadness and anguish, and said "My Father, if it is possible, let this cup pass me by. Nevertheless, let it be as you, not I, would have it." Then, a little while later, he said, "If this cup cannot pass by, but I must drink it, your will be done!" He said this prayer three times, checking on the three apostles between each prayer and finding them asleep. He commented: "The spirit is willing, but the flesh is weak". An angel came from heaven to strengthen him. During his agony as he prayed, "his sweat was as it were great drops of blood falling down upon the ground."

Gospel according to Wikipedia.

Jesus Fae The Cross - Author's Note

I feel it necessary to provide a few words of explanation for this sequence of poems. When I first ran them past a friend he responded by asking me what I was playing at – a long poem sequence, written in Scots, set in Fife, about long forgotten political disputes, punting an antiquated left wing view and to cap it all, with a religious theme. Not just a religious theme but resurrecting (pardon the pun) the medieval Stations of the Cross, retracing the painful route of the Via Dolorosa. "Neither wonder nobody reads or reviews your poetry, Wullie," was the precise response. Yet I had to write about this. Even after all these years I still find it difficult to discuss it in objective or non-emotive language. Hence the artifice of poetry. Born in 1957, I've been very lucky. No world wars, missed National Service, no nuclear war as yet, touch wood, free grants and school milk, etc. The most significant period in my life so far has been what has become known as "The Thatcher Years", a time when my views, beliefs and opinions on many subjects were challenged and when I was forced to think about a justification for these beliefs. So maybe this book should be dedicated to Margaret Thatcher, the Ice-Queen herself.

The 1984/85 Miner's Strike was the endgame in a long struggle that had began in the 1920's and particularly the 1926 General Strike when the miners tried to enlist the support of the British public in the cause of fighting longer hours and less pay. They failed, not through any fault of their own but because they couldn't win the support of the entirety of the labour movement and because they were up against the most powerful and reactionary sections of society. Between then and the coming of Margaret Thatcher there were sporadic victories but the 84/85 strike, fought this time to avoid pit closures and hence save jobs and communities, was to be the last stand. The NUM, although greatly reduced by then, was the symbolic totem of the workers. When it was vanquished Thatcher proceeded with a programme that changed Britain utterly. The long term effects would produce the society we live in today (although ironically Thatcher believed that there was no such thing as society), which was much more individualistic and right wing in outlook. This non-society was stripped of communal values in many of its key layers, where the private sector was lauded and the public sector was put down. The closures of pits, shipyards, factories and other places that made and produced, across large parts of Britain, combined with the loss of skills, communal pride and the sale of council housing had other ramifications. In some areas it created a cultural poverty and a disenfranchised underclass that has had long reaching effects. In Scotland, the policies of Thatcher and their continuation by her Labour successors, Blair and Brown, were as much responsible for the upsurge in the Independence movement and the forming of a Scottish Parliament as any great swelling of patriotism. The release of Government documents from the period is now revealing more and more evidence that the Strike was nothing less than an ambush, a deliberate attack on the miners, premeditated and planned by the Tories and implemented by their hatchet man MacGregor. Promises of no further pit closures were lies from the beginning. This was a government prepared to inflict economic hardship on its own citizens for the sake of a right wing ideology. The police, the judiciary, the media and the BBC aided and abetted them.

But why not let it be? The past cannot be undone. I choose to write about this because it was the most significant and influential event I have lived through and the more I consider it the more I feel that it has affected my outlook and views. At the time I was a young teacher in Fife but there were members of my family involved in the Strike including my much beloved Uncle Wullie. Then retired, he joined the picket line at Longannet and had his foot broken when a police van ran over it. He ended up arrested in the back of that van. I remember when the Strike ended feeling that more than the industrial action was over. The world had changed and would not change back. Everything got a bit more grey. I remember also that my faith in a number of things became greatly diminished by the questions raised during the strike. Could you be a Christian and a Tory? Could you be a Christian and a scab? Who the hell were Christians anyway but mealy mouthed liberals who sat on the fence while the meek and the weak got turned over by the bullies and the rich? How could Labour politicians accept titles and lordships while speaking out against the miners? Were the ones who said nothing worse? Had we all been conned? Many years after I think there is still enough to write about that is relevant. I also think that historical truth is important and the young folk who have such a hard time of things today following the banking crash deserve an explanation for why and how their world is so money driven, mean-spirited and selfish. Though what an entrepreneurial go getter young Tory would make of this collection as a commercial prospect I hesitate to think...

There are different forms of *The Stations of The Cross*. Mine is loosely based on *The Scriptural Way* of the Cross introduced by Pope Benedict XVI in 2007 as a form of meditation and *The New Way of the Cross* introduced by the Catholic Church in the Philippines which has a "happy end" in the sense that the fourteenth station is the Resurrection. I like to think of this composite version as The Lochgelly Stations. For those seeking theological consistency and orthodoxy there is disappointment. Jesus the Miner has little time for organised religions and his denial of the doctrine of original sin places him well beyond the pale.

This covers all I want to say about the words. The real worth of this book lies in the images created by the book's co-author, Les McConnell. I have admired Les as an artist for many years. Whenever I see one of his paintings or drawings I know I am in the presence of one of the greats, an artist of intellect as well as great emotional force. The technical mastery is a given. I was thrilled when he agreed to work to interpret *The Stations of the Cross*. The poems were written first and I handed them over to Les without a word by way of explanation, guidance or ground rule: I knew better. I could not have been more delighted and impressed with what he has created. Each drawing exemplifies that part of the story in a way that makes the words redundant. Thank you Comrade Les. Thank you also, Comrade Gonzalo, indefatigable publisher and friend.

Apochrypha 1:

Airly Doors

APOCHRYPHA I: AIRLY DOORS

"Guid Comrades, this I tell tae yous the day —
Though it steeks in your thrapples you'll hear it!
Aye you maist love and forgie your enemies,
Bless aa thaim that herm you, deal thaim guid back,
Pray for the scunners, chancers, abusers,
The spitefou, the wicked — forgie thaim aa."

Jesus stuid outby the War Memorial steps,
Was gien it laldy tae the tentfou croud.

"Our Faither was a thrawn auld demiurge,
Lang set in his weys, daif and unco dour,
No happy whitever was gien tae him.
Let me say this tae you guid folk the day:
There is nae sacrifice bar that o sel.
That sairly deaves us waur than words can tell.
Tae love is haurd, unconditionally,
Yoursel, each ither, enemies enaw,
Even the scab, the gaffer, polis, judge,
The JP and the baillif. Love thaim aa.
You maunnae wale atween the eiks and ans,
Love ane and no anither. That's no love.
Love richt and heeze the ferlous gift o grace!
Think on your reeking bing o fauts
Afore you ding your neebor doun tae Hell.
The warld is fou wi untrue creeds, aa fause,
Slee tales thocht up by hatefou hoodie men
Tae get their wey, tae haud their grespan swey,
Raise deils o daithly fears tae gar us grue,

3

Haud us ablaw the thumb wi jam tae come,
The Gaffer Caesars' langsyne social ploy.
Maun we no live tae be joco and blyth,
Stravaig the brawsome airth and herd its life?
You and your bairns get nae better than kine.
Your lot is skaith, yokit tae darg and doul.
Think on aa the heart and saul maist lous:
Faimily, Nature, Truth, guid feirs and Joy.
Lastly I ask this ane promise fae you,
Aye mind o the bairns, innocent lambs,
Dinnae let thaim suffer aucht. Leamin sauls.
Mak siccar that their lives are beilds o love."

The plain claethes polis hadnae heard the like:
"Ma Guvnor Herod'll hear o this tripe."

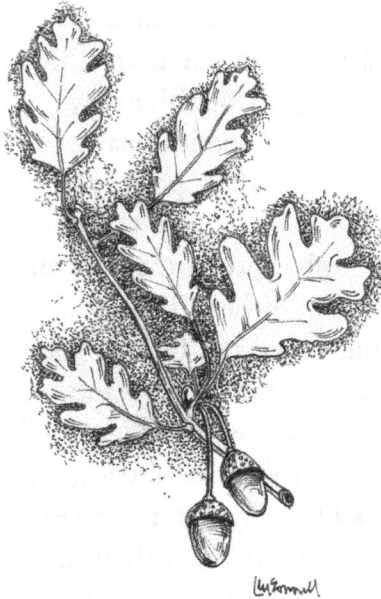

STATION 1:

At the Gethsemane Plots

STATION 1: AT THE GETHSEMANE PLOTS

It was gey cauld, grey winter's gloamin smouled
Whan Jesus, dowff, forfochten, on his lane,
Trauchled doun Plantation Road tae the plots.
The speirit is aye gleg, the body wabbit.
And sae thocht douncast Jesus o the Raws.
He'd gaen doun thonder syne tae redd up doubts
But wi unco dreid, oorie premonition,
A kennin in his watters o coming doom,
A shaddae ower his hairt, skaith ben his saul.
The sweat drapt fae his peeliewally brou.
"This bree is wersh tae taste, I'd raither no:
I fain wad leave this tassie fou. But ocht,
For gin the waucht's for me, syne I maun drink.
A hirselin hertrug souched attour his mind,
He thocht o his auld faither, sairly missed,
He thought o feirs: Jamie, Pete, and wee Jock;
Kind Andrae, Tam, Mattie, Si and Judas aye;
Asleep at hame or bouzan in the Goth.
His blessit mither Mary maist o aa,
For in his hairt a lowe glaimed skeir for her.
And yet he speirt was this smaa love eneuch?
He was gey feart he micht no hae the virr,
Courage tae thole the blaffs tae faa. But syne
A siller angel kythit, muin-bricht i the lift,
Wi aa the world transformed by grace:
The plots nou lown, the last o kale and shaws.
He lippent syne tae Nature's benisons:
Doun here a body micht be soothed and sained.
For here was whaur he sowed and hoed and howked,

Tae tend the fowthfou airth and plant guid seed.
Aa miners hear the caa o whit naesays:
The braw green airts, the swans o caller air,
Outby and wi free scowff tae daunder miles,
Sweit Nature's blessins, haurd focht fairins won,
Warselt fae the blackened puirtith stane.
Syne he jaloused whit he maist dae neist morn:
Descend tae hell inside a cage at daw
Tae harrow thon fell kinrick doun ablaw.

A heavy haun: a lourdlie shouder grab.
"You're liftit, Trotsky, come and follae me,
Your steidfast brither Judas turned a scab."

STATION 2:

Liftit

STATION 2: LIFTIT

And syne thon shamefou bus cam ben the gate,
A howl o anger dirlt up fae the fowk,
The picket line breinged faurrit at the scabs
Tae mak their anger at betrayal felt.
The polis pushed thaim back wi cuddies, shields,
Brocht batons doun ower bare unfendit heids,
Set dugs on thaim, puit in the buit guid style.
Jesus o Longannet got liftit syne.
Haund-cuffed, twaa Polis cowped him in their van,
Locked him awaa, ahint their black steel doors,
That's whaur the boys in blue wrocht bonny work:
They punched and kicked him, swore and lauched and spat.
Centurions waved tenners in his face.
They caaed him commie scum, and boastit that
"This kicking's juist the stert o mair tae come."

The neist day he was bound tae staund in coort
Condemned by the Sunhedrin, Daily Mail,
Thatcher and MacGregor, the BBC,
Chairged wi riot, unlawfou assembly,
The braggarts feart he micht owercowp their world
And like mad dugs settled tae bring him doun.
They couldnae thole the wittin that he brocht:
A Christian is a Socialist or nocht.
Though he bade quiet, douce and dignified
They made out he was eydent tae tak chairge,
(Although a man mair less in tow tae kings

Or kinriks' flags and clouts there'd never been),
Mintin tae be maister ower land and law,
King Jesus! They snirtit. Their trial a gowk,
Unfashed by perjuries and lees the whiles,
They sentenced him, syne flung him in their jyle.

STATION 3:

Big Pete

STATION 3: BIG PETE

Afore the sun had heezed abuin the Raws
Syne Jesus spoke wi his guid pal big Pete,
Wha swore tae him whitever ruins micht faa
Through thick and thin, thegither they'd brave aa.
Pete, fou o virr though bald ablaw his bunnet,
Aye leal, a grafter, honest, straucht and kind.
A man tae hae aside ye in a howk
Whither redding out a stall or undercut
(And nae sae bad wi fists need fechts be focht).
Yet even Pete had doubts: I worry, Sur,
Hou we maun dig oursel fae out the shite.
The Gazette says that Baldwin winnae budge:
"I am an honest man. Cannot you trust?"
The cock crawed crouse attour the midden heip.
And nou juist nine days since we laid doun tools
The TUC, athout a word, caas aff
The Strike, our comrades, hae gaun hame, gaun back.
The cock crawed crouse attour the midden heip.
The bishops, priests, in bauldest terms they threip,
Tae Strike is sinfou, think on the herm ye dae!
The cock crawed crouse attour the midden heip.

STATION 4:

Pilate

STATION 4: PILATE

Syne Ramsay MacDonald and Jesus had
A collogue on a bing o blastit howps,
A waste o ash and fug, mang broukit stanes,
Ricketty banes, black spit and howlan dugs.
Nae pit wheel birlt, the sun itsel locked out.
"I am fair fashed wi this," MacDonald girnt,
"I'm eydent, dutifou for fowk like you,
Ill-contentit, deavesome; I get nae peace.
You hae nae unnerstaunin o the maze
I lead you ben, yet aye you mak complaint.
And ilka day I deal wi mair thrawn fuils.
Fower hunner pound a year for this I get!
Is that eneuch? I amnae proud, I grant,
O ilka thing I've said and aiblins duin.
Thir haunds are fyled wi compromise and guilt.
But naw! Nae man maun claim that they are red.
Socialism, Labour are juist bit words.
Ken this, though progress is gey slaw, it comes
For aa that — through ballot box, no blackmail.
I even stuid agin the War, it cost
Me deir, I tint ma gowf club memmership.
Hou micht the workers faured gin no for me?
I see a daurkness spreids attour the land,
This ill-thocht Strike the worst turn o it aa.
Support the striking workers? Never, naa,
I winnae lift a haund, I'll see it faa.
Come back tae Lunnon, son, for breid and beer.

The Pairty can aye uise a cheil like you.
Bring me a tin bath and a flannel clout,
Conscience is a gair wrung aisy out."
He luiked surprised when Jesus shuik his heid.

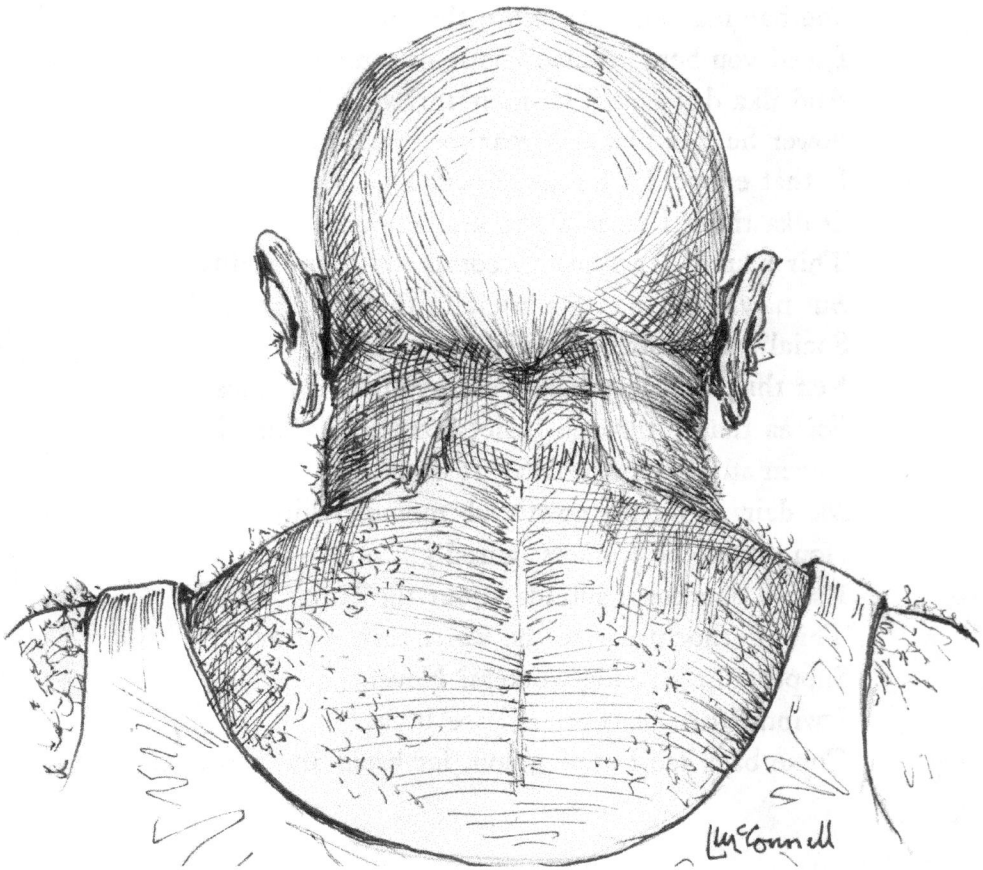

STATION 5:

King Coal Scourges Jesus

STATION 5: KING COAL SCOURGES JESUS

Syne King Coal liftit Jesus' bouk atap
The Mary's rust-girt wynding gear:
Said, "Jesus, I can see your house fae here ..."
Syne he produced a girnan bairn wha spoke:

King Coal was a bad old cuif:
Spine-snapper, baa-squeezer, jaw-drapper,
Knee-capper, airm-twister, dislocater, wife-slapper,
Bairn-beater, son-stealer, saul-pauchler, undertaker,
Doo-strangler, match-fixer,
Compensation-refuser, inquest-wrangler,
Ruif-cowper, tunnel-fluider, chap-door-runner,
Prop-bauchler, stour-steerer, lucifer-lichter,
Damp-blackener, damp-whitener, methane-mixer,
Sulfur-choker, big-banger, bowel-flegger, fell-flasher,
Airth-shakker, ground-trummler, howp-tyauver,
Despair-warseler, telegram-bringer,
(Amang other hings).

He killed his men eydently, denying aa efter,
Steekin spikes intil the saft mossy bits abuin,
Daeing thaim nae favours, balancing his profit margin
Wi the wecht o broun shite tae faa on faimilies.
He turned us out on the streets like guisers
Singing for our supper like collier Al Jolsons.
He made us play quoits on his railway lines,
Slide on tea trays doun toxic bings,
Mak soup out o Grandmither's worried banes,
Forced us tae burn oursels on Christmas day

Wear peeliewallie Misery's nailed-on thorny halo
Tae warm us through the Strike months.
He pushed brillo pads doun Grandi's lungs,
Caged puir Uncle Tam like a futret,
Gied Matthew TB and a cough in his chist,
Kistit the Nimmo squad in the lobby press,
Tuik ten bob notes out o mither's purse
Tae gae dance the Charleston wi the Earl o Minto's zebra.
He banned Joe Corrie fae the wireless
And even chairged Judas for raip tae hing himsel wi
And the temporary uiss o a thorn buss.
Smiling like a neep-heid, lauching like a bastart,
He landscaped the leek plots tae luik like Ypres,
Scuffed faither's war medals doun the Jenny Gray Pit Shaft,
Skitit oor sark buttons ower the loch thirteen times,
Widdershins ...

When Time, the Checkweighman, found out
That King Coal's room in the Goth was empty
(He had jaloused it a braw jape tae leave aa his tuim bottles
And unpaid pitch and toss IOU's)
He anely shruggit his shouders, shuik his auld grey heid
"Aye keep voting Labour . . . " he suggested,
A hare-eed haver, mousie timid,
But tons o dross had been timmed through our letter box,
It flawed richt through tae the lobby press.
King Coal had choked aa our drains, puit his whures up in the bath,
Mashed up our ambitions intae potted hough
And fed it on pieces tae his liveried whippets.
He'd hypnotised us no tae believe in futures.
Worst o aa, in the nicht, he'd birlt inward oor bairnie's een

And turned them intil pit pownies
Sae they cuidnae luik faurrit but anely ahint
Doun a daurk dementit tunneled howpless past.

When the Council lorry came tae redd us up,
Gress ower his mess, scour awaa his black semen stains —
Naebody could mind oniething but the blackout curtains.
Oor memories had been dichtit, wrung out like dishclouts,
While queueing up in our semmits for his handouts.

Nou we puit pansies in his wagons tae prettify the reservation.
We are stuffed and glessed in his museum, stalled in his stalls,
Lost in his labyrinth, blindit and gassed like his canaries,
Sectioned in his sanitoriums wi nae sel esteem.
Dwynan ghaists in his black and white museum footage o oursels
Ayeweys haunting his nostalgic unhappyland ...

...and Jesus saw this, heard this and wept.

STATION 6:

Jesus Taks Up His Cross

STATION 6: JESUS TAKS UP HIS CROSS

Jesus the Owerseer, chapped on the owner's door:
"There is nae air doun there, nae ventilation,
The men are chokit wi the heat and stour."

The Boss luiked up fae his big desk and said:
"Tak this stout pole alang the stey Wheel Brae
Tae whaur the airth abuin is saft but dreich.
There ye maun stert tae big anither shaft
Sae caller air maun circulate the pit."

"This isnae wyce advice, as you weill ken —
Abuin ligs moss, broun watter, muck and peat
That will pour doun on tap o us, we'll droun
Aneth a fell onding — we'll droun and dee."

"It's safe eneuch — it's been surveyed, I sweir.
There is nae watter there in August month,
Nae rain has faain for weeks. It's faur much darg,
Siller and fuss tae dig dounweys. Dae it!
This is a working mine, no charity!
Think weill on bairns and hou they fare in life
Wi laid aff workless faithers on the Brou."

STATION 7:

Simon O Cyrene

STATION 7: SIMON O CYRENE

Syne hauf wey up the nairrae, laich Wheel Brae,
The gait was weet and slippy: Jesus faaed.
Simon o Cyrene threiped, "Gie me an end
I'll help ye wi that, son, we'll shift this gear
The aisier wi fower haunds than wi twaa."
He heezed him up and gaed his viz a dicht
And sair-wrocht Jesus smiled and thanked his feir.
Simon jaloused his graith was unco licht.

STATION 8:

The Wummen O The Soup Kitchen

STATION 8: THE WUMMEN O THE SOUP KITCHEN

"Dochters o the coalfield, greet nae for me,
Mourn for yersels, and for your stervan bairns."

Suin efter the Great War things got gey roch:
The manager secked Jesus fae his job
For whit he'd did and said in twinty ane:
This is nae land for heroes comin hame.

Black-listit him fae ilka pit in Fife,
The faimily evictit, puit out upon the street.
Taen in by neebors out the wind and rain.
The wummin o the soup kitchen kept saul
And body thegither syne. Strang wummin thaim
Wha lauched in puirtith's pus. Wi smiles and faith
And breid and soup they biggit better men.

STATION 9:

Crucified

STATION 9: CRUCIFIED

And Jesus crawled out on twaa widden planks
That raxit ower the abyss on steel wires,
Abuin a gantin infaa, a hellish sowp:
The Donibristle mine had sunk in glaur
And aabody kent the walin o gaun neir.
Jesus's heid was reeling, mirliegaed.
"We'll bring thaim tae the surface or we'll dee."

He ettled tae crawl doun thon slorpan hell:
Tae fetch the sauls back hame or dee ablaw.
And this he did. He saved aa thaim he micht.
But the onding flaw o mosses cut him aff,
Fae licht and air, nae hamewird passage up.
And when he wrocht and tyauved tae find a road
A stapping had been biggit in his wey.
Syne Jesus kent his caird was merked for shuir.

STATION 10:

Last Messages

"SUIN I MAUN CROSS A RIVER DEEP AND WIDE,
YET I JALOUSE IT'S AARICHT OWER THON SIDE
I'LL TRYST AGAIN WI AA MA FEIRS OWER THERE.
WE'LL LAUCH AT AA THIS TRAUCHLE WE HAD HERE.
TILL THEN I ASK O YE WEE JOCKIE, MATE,
TAE TAK CARE O MA MITHER GIN YE MIND,
SHE IS THE GENTLEST WUMMAN, MEER AND KIND.
LUIK OUT FOR OUR COMRADES, AYE SERVE THAIM WEILL,
TENT YERSEL. SCREIVE DOUN OUR GOSP

STATION 10: LAST MESSAGES

Alane, in daurk, wi airless hours tae thole,
He screivit words wi chalk on coal bleck waas:
Feart and cauld, thirsty and famished, he wrote:

"Suin I maun cross a river deep and wide,
Yet I jalouse it's aaricht ower thon side.
I'll tryst again wi aa ma feirs ower there.
We'll lauch at aa this trauchle we had here.
Till then I ask o ye, wee Jockie, mate,
Tae tak care o ma Mither gin ye mind,
She is the gentlest wumman, meek and kind.
Luik out for our deir comrades, serve thaim weill,
Tak tent yersel, screive doun our gospel tale."

STATION 11:

The Guid Thief in the Lindsay Pit

STATION 11: THE GUID THIEF IN THE LINDSAY PIT

Aabody kent tae no tak contraband:
Tae licht a fag micht blaw aa Kelty up.
Some eejit couldnae bide on lowsen time,
He'd hae his sleekit Woodbine on the fly.
Some men were killt outricht without a merk ,
Ithers were scorched like meat amang the heat,
A puckle ablaw machinery got mangled.
The haill place reeked o roastit flesh and gas.
Jesus and the boy wha'd stole his snap tin
Were trapped like rottans in ablaw it aa.

"Nou dinnae worry, son — we're aa guid thieves
Doun here — we tak fae Nature whit's no ours.
Sae hae a wee slug o this watter here,
You are forgien. This Setturday nicht, I trow,
You'll dance wi your Jean upby in the Goth,
We'll hae steak pie and beer forby, ye ken.
It'll turn out fine. We'll aa be lauchin then.

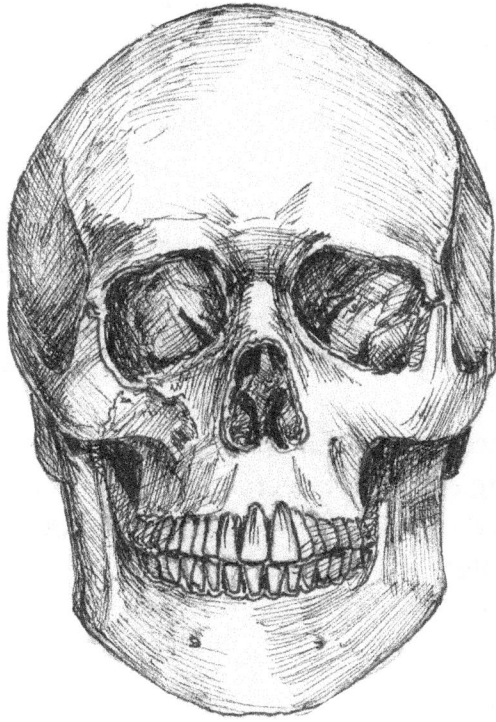

STATION 12:

Daith

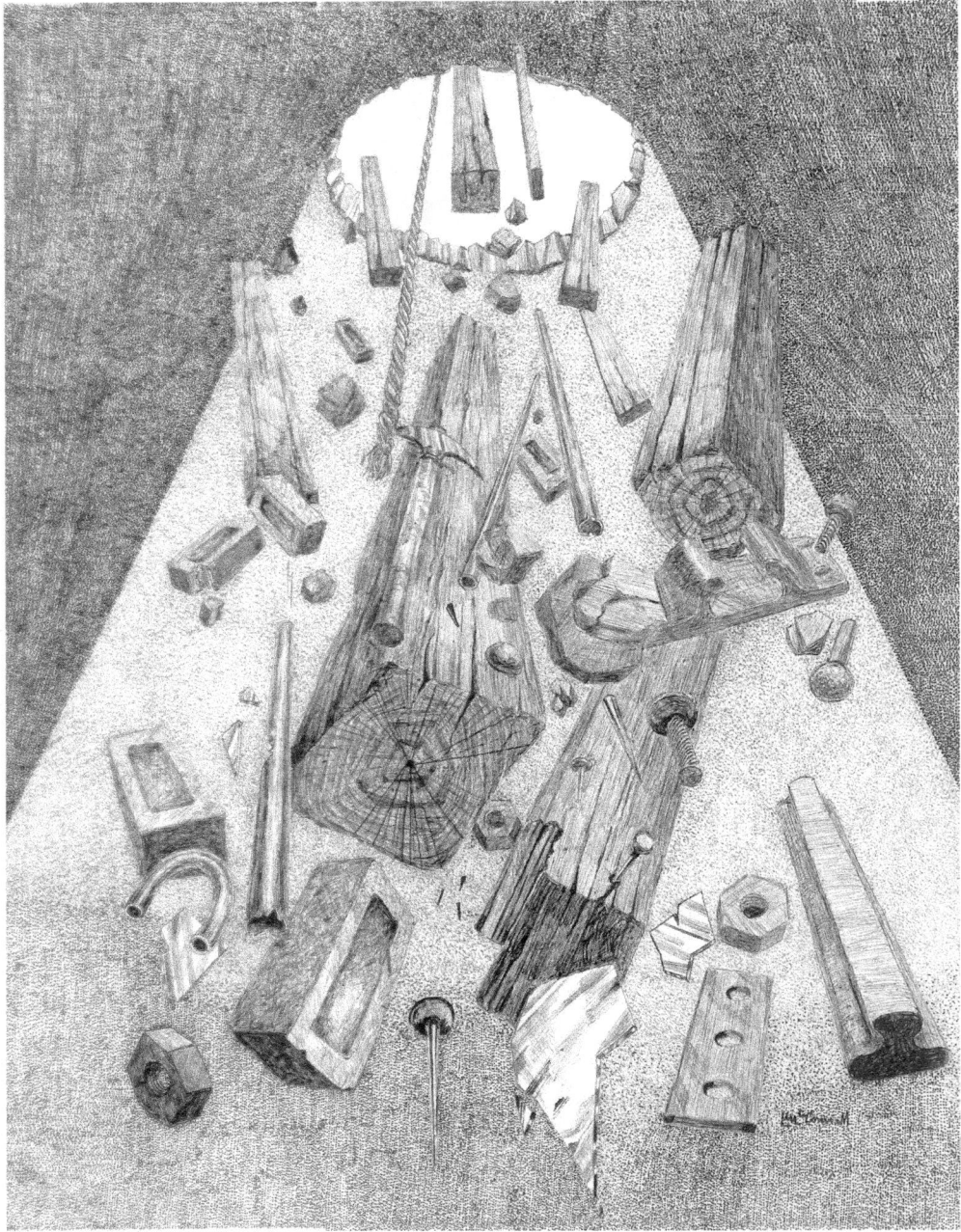

STATION 12: DAITH

The Company had ettled tae save coin:
The pit props were cheip timmer, bauchling in,
Ye'd hae a job tae hing a scab fae them.
The ruif came doun on tap o Jesus back
And he was kistit there but aye alist.
They couldnae cleir the blae tae get tae him,
Or budge the lourdsome stanes athout mair faain,
The infaa filled the tunnel for twal yairds.
Betimes he lay there greetan in the daurk
Whiles bluid and watter skailt fae out his side.
Sax hours o pangs it taen for him tae dee.
Seivin last words Jesus had yet tae say:

Oh faither, why has thou forsaken me?

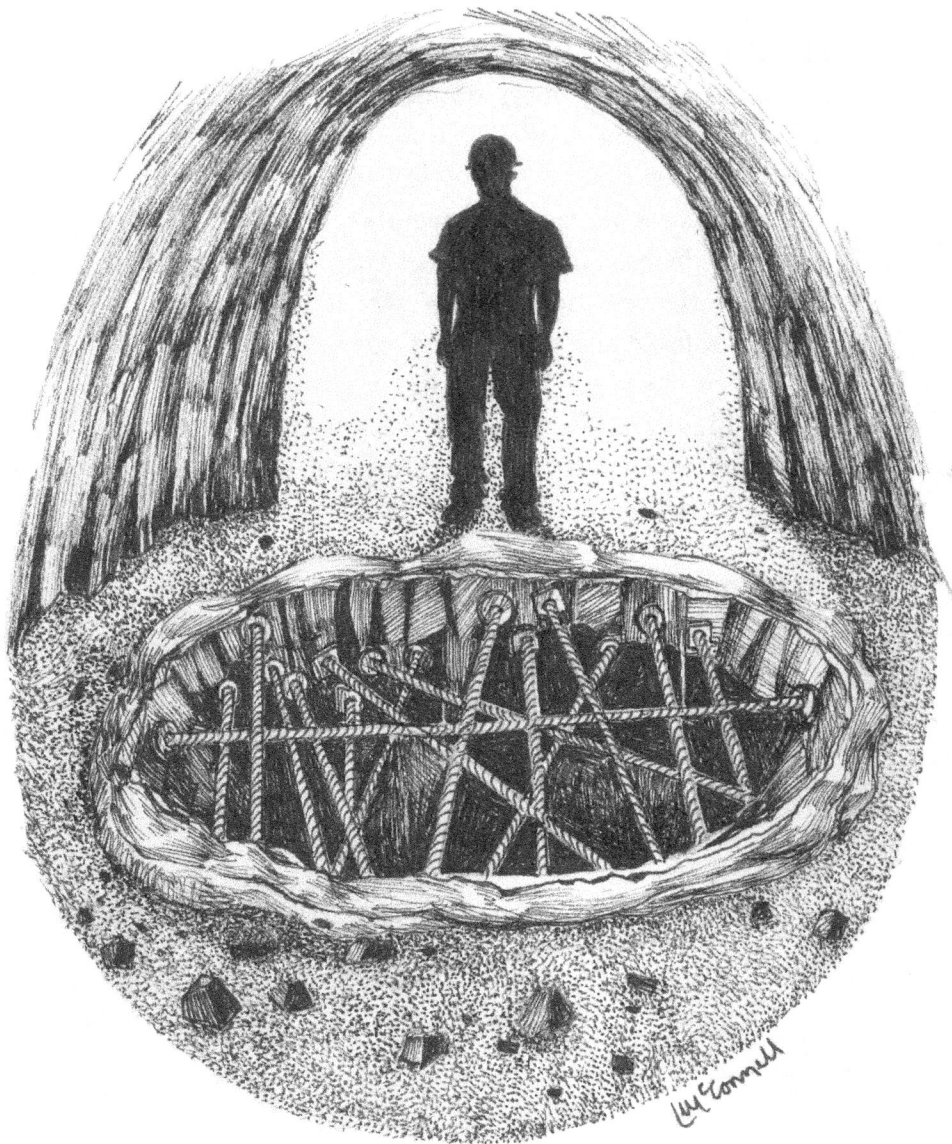

STATION 13:

Laid In The Tomb

Station 13: Laid In The Tomb

The Inquiry found "mistakes had been made"
and laid out further recommendations
for future improvements for the safety of the miners.
No individual was deemed to blame for the accident.
No individual could be held responsible for an act of God.
Due to the financial outlay and geological difficulties
It was decided to close the seam off.
It was too dangerous to attempt to reclaim the body.
The area was decreed to be "Sacred Ground".
The Pit was closed in 1910.

STATION 14:

The Ballant O the Miner Christ

STATION 14: THE BALLANT O THE MINER CHRIST

The sodgers played at pitch and toss,
Hey caw through, though doul the daw,
Wi Jesus nailed attour the Cross.
His love rules aa!

They gambled for his donkey jaicket,
Hey caw through, though doul the daw,
Like futrets focht for his fag packet.
Matches enaa!

And when he deid, the back o three,
Hey caw through, though doul the daw,
The sun did dern his tearfou ee.
Abandoned aa!

The airth did trummel, biggins cowped,
Hey caw through, though doul the daw,
In dreid the sodgers fairly lowped.
Fair ran awaa!

The Pit wheels stuck, bluid steeped the curn,
Hey caw through, though doul the daw,
The auld wey nou had been ower turned
Abuin, ablaw!

Lichtnen scartit, hailstanes faaed,
Hey caw through, though doul the daw,
He shuirly was the son o God!
Ower late thon caa!

Dowffsome though these stations be,
Hey caw through, though doul the daw,
This tale's a baur, a comedy.
Let lauchter faa!

The gowks thocht he'd taen his last braith,
Hey caw through, for gleg the daw,
But Jesus Christ had maistered Daith.
Despite thaim aa!

He gaed tae Hell and tirlt the key,
Hey caw through, for gleg the daw,
Skelpt Satan's erse and set us free.
Tae win awaa!

Let fowk get fou, let aa rejoice!
Hey caw through, for gleg the daw,
We'll toast our Christ wi hertsome voice.
In miners's raws!

We'll lift a dram tae thon man bairn
Hey caw through, for gleg the daw,
Born in a byre at Bethlehem
Tae save us aa!

We mind aa this, the haill year round,
Hey caw through, for gleg the daw,
Wi faimily, neebors and *true* feirs,
Guid comrades aa!

APOCHRYPHA 2:

Efter Hours

APOCHRYPHA: EFTER HOURS

And there he was, seen in the Goth again,
Lairger than life, he'd tint some colour, aye,
Limpan but gleg, canty wi baird fresh sneckit.

"Nae miracle — ye hinnae seen a ghaist!
There is nae magick kythin in these airts,
Juist tak a swatch — our Tam's bumbaised!
Daes magick kyth in howpless places,
Mang ill-staured, sair-wrocht fowk like us
Eydent tae keep our feet abuin subsidence?
Aiblins naw. Yet grace abounds and thrives
Like heather, broom and gowanes on bings.
Our darg is tae gae conter tae cruel thraws.
Love for yous aa is aye whit keeps me gaun.
The laird kens aa his ancestors,
A line o chinless eejits breingin back,
Our fowk kythed fae the daurk yet we survived,
Our grandis, grannies, yokit by the neck,
Like baists in byre, tethert tae cavern waas,
Yet bidin on a day when they'd win free.

There's some fowk say I drount betimes ablaw
The moss that fluidit Donibristle mine,
Ithers'll sweir a waggon cawed me deid,
I tuik nae tent doun in the Aitken Pit.
Aiblins I lig ablaw the landscaped airth
Or gas got haud o me at Hill o Beath.
A story gaes I crawled out like a snail,
I sclimmed tae the licht up a disused shaft.

There's hauflins rant I rose fae Daith's fell deep,
A working cless messiah, heivin bound,
Ma bogey poued by angelic wally dugs!

Some havers speil we've coal stour on our sauls,
A birth thoomb prent, our sins King Coal's slave merk
That auchts us tae his company. Keich!
Nae bairn is born tae suffer. We're no due
A rent, or ratio o sacrifice,
For our breid and pentit room. Aa juist lees.

King Coal has shiftit, taen himsel awaa.
His yeukie dragon's wings flipped tae fresh airts,
His shaddae muives, his fire smouders, that's aa.
He will retour tae deave us — he's nae gaun.
Thon worm can kyth himsel in monie meids,
He'll ettle tae naesay us, dinnae fash,
Our rising tae the licht caws him gae daft.
He'll ettle and faa, ettle, faa again,
But he'll be cowpit doun by you and me
At the hinder end, bide on and see.
Till then, guid feirs, I'm here gin I am wantit,
Tak a sideweys glisk and ye'll see me fine,
Lairge as life and aiblins twice as ugsome,
Up in the Bluebell Wuids or doun the plots.
Juist plain Jesus mind, nae Mr. Christ!

We're bidan, biggin, delvin, digging in
The here and nou — I'm wi ye neebors, aye,
I live for yous. I'm nae some boss abuin.
For aa the cauld and hungry, snottery bairns,

66

Aa sair-fashed wummin, aa haurd-prised men:
Let our leid aye be love.

Nou, wha's round is it?

Spare Me Nae Beatitudes:

Blessit are the shilpit o speirit:
They'll jig wi angels in the kinrick o Heivin.

Blessit are aa thon wha've been stouned by Daith:
For their deir anes'll gie thaim a braw cuddle.

Blessit are the hermless:
They'll stravaig the yirth, never blate.

Blessit are thaim wi a drouth for richt:
They will get unco fou.

Blessit are aa thaim wha thole and forgie:
Their mercy will be weill-mindit.

Blessit are the sained o hairt:
They'll get tae sit doun tae their supper wi God.

Blessit are the paice makkars:
God's leal bairns'll hae jam on their breid.

Blessit are aa thaim no mentioned:
You're aaricht, sae dinnae be feart.

SANG: THE LORD LOUS A SINNER

Heeze up ye smackheids,
Redd up your gear,
Haud on ye junkies
There's nae caa tae fear,
For the Lord lous a sinner
Wha repents tae his will,
Cause the Lord lous a sinner
He deid on yon hill.

Scoop up ye drunkarts,
Slaik up your wine,
Aa ye meth-soukin jaikies
You're gaunnae be fine,
For the Lord lous a sinner
Even when he is fou,
For the Lord needs a sinner
Tae big him anew.

Ye limmers and whures
Dinnae be blate,
Ye wasters and haiveless
And tholers o Fate,
The Kirk needs the pious
Tae fill up her pews
But the Lord recruits sinners
For guid men are few.

Daud on ye hameless
Ye gangrels alane,
Follae the sair road
Tae your lang hame.
Though the Lord lous a sinner
Puirtith is nae sin,
When ye tirl at his yett
He'll fair walcome ye in.

Usurers, bankers
Whase gowd is their god,
They'll howl and they'll yowl,
They'll bile and they'll scaud,
While we're gettin houlet
Wi Lord Jesus himsel
And God skites aa they bastarts
Wha're burning in Hell.

ISAIAH II 2-6

(Fae Michael Bruce O Kinnesswood's paraphrase)

Behaud, the heich Ben o the Lord
In hindmaist days'll heeze
Faur athort the mountains' crouns
As fowk faa tae their knees.

The fowth o natiouns, canty, gleg,
The clans and leids'll flaw,
Lowp up stey braes tae meet their Goad,
Gove on his joyfou daw.

The glisk o grace fae Sion's hill
Will lichten dowfsome herts,
His kinrik rax fae Salem's touer
Ower ilk ayebidan airt.

Nae bluid be skailt, nae fechts be focht,
Juist paice for ivirmair,
Man's wapinschaws derned deep in airth,
His guns wrocht intil ploushares.

WILLIAM HERSHAW

A NOTE ABOUT THE AUTHOR

William Hershaw is a poet, playwright, folk musician and Scots Language activist. *His Stars Are The Aizles — Selected Poems In Scots 1976-2016* was published in 2017 by The Neepheid Press. He is the leader of *The Bowhill Players*, a musical and dramatic group who perform the works of Joe Corrie and other Fife based miner poets.

Other works by the author published by Grace Note: *Tammy Norrie* (Novel) *Postcairds Fae Woodwick Mill — Orkney Poems In Scots* (Poetry). Plays: *The Tempest in Scots; Michael - A Ballad Play; Jennie Lee's Homework Project.*

LES MCCONNELL

A NOTE ABOUT THE ILLUSTRATOR

Les McConnell received his art education at Edinburgh College of Art in the 1960s, a time of great social and cultural change In 1970 he was awarded a post graduate scholarship and travelled to study art in Holland. He has participated in numerous exhibitions over the years, highlights being the Royal Scottish Academy, the Society of Scottish Artists and a one man show in Fife. The greatest highlight, however, is the present collaboration with Willie Hershaw. Translating his words in 'The Sair Road' into images has been an exciting challenge and a privilege.

www.ingramcontent.com/pod-product-compliance
Lightning Source LLC
Chambersburg PA
CBHW081236090426

42738CB00016B/3330